BEI GRIN MACHT SICH IHR
WISSEN BEZAHLT

- Wir veröffentlichen Ihre Hausarbeit,
  Bachelor- und Masterarbeit

- Ihr eigenes eBook und Buch -
  weltweit in allen wichtigen Shops

- Verdienen Sie an jedem Verkauf

Jetzt bei www.GRIN.com hochladen
und kostenlos publizieren

Bibliografische Information der Deutschen Nationalbibliothek:

Die Deutsche Bibliothek verzeichnet diese Publikation in der Deutschen National-
bibliografie; detaillierte bibliografische Daten sind im Internet über http://dnb.d-
nb.de/ abrufbar.

Impressum:

Copyright © 2017 GRIN Verlag
Druck und Bindung: Books on Demand GmbH, Norderstedt Germany
ISBN: 9783346102676

Dieses Buch bei GRIN:

https://www.grin.com/document/512732

Magdalena Helm

Konzeption eines Interviewleitfadens zur Kundenbindung bei Zeitungen

Einsendeaufgabe

GRIN Verlag

Einsendeaufgaben

Aufgabe E

Per Einschreiben versendet am: 30.12.2017

SRH FernHochschule Riedlingen

Modul: Wissenschaftliches Arbeiten - Vertiefung

Studiengang: Betriebswirtschaft und Management (BWM)

von

Magdalena Helm

Inhalt

Abkürzungsverzeichnis

Abkürzungen dürfen Sie vornehmen, wenn diese einmal erklärt wurden und in einem Abkürzungsverzeichnis aufgeführt sind. Im Alltag geläufige Abkürzungen wie „z.B.", „ggf.", „etc." oder „usw." sind ohne Erläuterung anwendbar, ebenso folgende auf die Literatur bezogene Abkürzungen:

CAPI	=	Computer-Assisted Personal-Interviewing
CATI	=	Computer Assisted Telefon Interviewing
FTF	=	Face-to-Face
PAPI	=	Paper And Pencil Interviewing
Sog.	=	sogenannt

Abbildungsverzeichnis

Tabellenverzeichnis

Anlagen

Anlage 1: Interviewleitfaden „Kundenbindung von Abonnenten einer Tageszeitung"

Anlage 2: Literatur- und Quellenverzeichnis

Anlage 3: Eidesstattliche Erklärung

1. Konzeption eines Interviewleitfadens zur Kundenbindung bei Zeitungen

„Kunden zuhören und von ihnen lernen, um Wachstum zu generieren. "[1]

Martin Campiche, Chief Sales & Marketing Officer,
General Electric Germany & Europe

Dieses Zitat in einem Interview mit Martin Campiche fasst das Forschungsziel dieses Kapitels sehr gut zusammen. Um Kunden zu erhalten und im besten Falle den Kundenstamm zu erweitern, muss ihnen zugehört werden. Nur so lässt sich von ihnen lernen und profitieren. Die Aussage des Schweiz-Argentiniers beschreibt die Bedeutung der qualitativen Perspektive im Zusammenhang mit Kundenbindung und -entwicklung, da zunächst einzelne Meinungen analysiert und anschließend allgemeingültige Handlungen darauf aufbauend festgelegt werden.[2]

Die Beantwortung der ersten Aufgabenstellung beinhaltet die Konzeption eines qualitativen Interviewleitfadens zur Ermittlung der Kundenbindung bei Zeitungen. Das Ziel der Forschung ist es, einen allgemeinen Interviewleitfaden zu entwerfen und diesen anschließend ausgewählten Rezipienten vorzulegen um daraus Rückschlüsse auf mögliche Veränderungen zu ziehen.

Während sich die quantitative Forschung auf das *Messen* der erhobenen Daten bzw. des Forschungsgegenstandes konzentriert, liegt der Schwerpunkt qualitativer Verfahren im *Sinn und Verstehen* des Gegenstands.[3] Sie ermöglichen einen offenen, subjektiven Zugang zur Forschungsfrage. Quantitative Verfahren untersuchen die Aggregation unterschiedlicher Merkmale um daraus Wahrscheinlichkeitsaussagen treffen zu können. Im Gegensatz dazu analysieren qualitative Verfahren einzelne Denk- und Handlungsstrukturen mit dem Ziel, eine übergreifende Theorie aufstellen zu können.[4]

Zur Ermittlung der Kundenbindung bei Zeitungen soll ein Interviewleitfaden konzipiert werden. Dieses qualitative Verfahren lässt sich eindeutig von quantitativen Methoden wie z.B. der Befragung mit Hilfe eines Fragebogens abgrenzen. Das Interview wird auch als „asymmetrische Form der Kommunikation"[5] definiert, da die Rollen der Gesprächspartner zwar deutlich festgelegt sind, der Interviewer jedoch nur die Fragen stellt und somit einen geringeren Gesprächsanteil aufweist. Mit Hilfe von Interviews können Primärdaten, d.h. neue Daten, erhoben werden. Der Forscher beschafft diese anhand der geführten Befragung, bereitet sie auf und erschließt neues Datenmaterial.[6] Diese Art der verbalen Datenerhebung gilt als die am meisten verwendete

---

[1] Campiche, M., Interview durchgeführt von Prof. Dr. Herhausen; Marketing Review St. Gallen, 2013, S. 6
[2] Vgl. Brüsemeister, T.: 2008, S. 20
[3] Vgl. Helfferich, C.: 2009, S. 21
[4] Vgl. Brüsemeister, T.: 2008, S. 20
[5] Hussy, W., Schreier, M., Echterhoff, G.: 2010, S. 215
[6] Vgl. Kaya M. in Albers, S., Klapper, M., Konradt, U., Walter, A., Wolf, J.: 2009, S. 49

Erhebungsmethode der qualitativen Forschung.[7] Es kann je nach Grad der Standardisierung zwischen nachfolgenden Interviewformen differenziert werden[8]:

- Standardisiertes Interview → geringer Spielraum für Teilnehmer, Grundlage bildet vorformulierter Fragebogen (Reihenfolge und Wortlaut eindeutig definiert); Beispiel: Gruppeninterview, Telefoninterview
- Nicht-standardisiertes Interview → keine konkreten Fragen, nur Themenkomplexe; flexible Entwicklung des Interviews, erfordert jedoch großes Vertrauen mit Forschungsgegenstand und ist somit äußerst schwierig; Beispiel: Expertenbefragung, exploratives Interview, narratives Interview
- Halbstandardisiertes Interview/Leitfadeninterview → weitestgehend flexibles Fragenschema (Leitfaden), Anpassung an Situation und offene Gesprächsführung

Auf Grundlage der Operationalisierung nach Rogall sind nicht alle Dimensionen über einen eindeutig definierten Fragebogen messbar. Es werden erzählgenerierende Interviewpassagen benötigt, um gewisse Dimensionen erschließen zu können. Als Beispiel ist hier die Dimension „Soziale Wechselhemmnisse" zu nennen, welche nur schwer in einem Fragebogen abzubilden ist. Hier ist der Forscher auf subjektive Sichtweisen angewiesen. Dennoch ist die Vorgabe eines Leitfadens auf Grund der vorgegebenen Dimensionen von Vorteil. Dies garantiert eine Berücksichtigung aller relevanten Aspekte und sorgt für eine Vergleichbarkeit der Interviews.[9]

Welche Möglichkeiten bieten qualitative Interviews, Daten zu generieren und zu analysieren? Mit Hilfe der Datenerhebung durch Interviews hat der Forschende die Möglichkeit, Rückschlüsse auf die Gesamtheit aller Gruppierungen auf Grund von vorher festgelegten Samples zu ziehen. Unter Sample versteht man eine „aus einer größeren Menge ausgewählte Gruppe von Personen, die repräsentativ für die Gesamtheit ist"[10]. Interviews haben das Sinnverstehen als Ziel, es gilt das Verstehen als Erkenntnisprinzip. Um das Verhalten des Befragten in Bezug auf das Interviewthema interpretieren zu können, möchte der Forschende Fragen nach dem „Wie?", „Wozu?" und „Unter welchen Bedingungen?" beantworten können. Entscheidend für die Datenerhebung ist die Textsorte, mit welcher die Interviews geführt werden. Es kann zwischen Erzählungen (Erfahrungen, Erlebnisse), Berichten (komprimiert und generalisierend) und direkten Fragen zu Einstellungen, Gründen, Meinungen und Argumentationen differenziert werden.[11] Um die richtigen Daten erheben und im Nachgang analysieren zu können, muss der Interviewer bereits im Voraus die korrekte Interviewform für das gewünschte Forschungsziel festlegen.

Im Fallbeispiel fällt die Entscheidung auf Grund des Forschungsziels auf das halb-standardisierte Interview, welches auch allgemein die am häufigsten gewählte Interviewform darstellt. Hierzu wird ein vorgegebener Fragebogen eingesetzt, welcher

[7] Vgl. Hussy, W., Schreier, M., Echterhoff, G.: 2010, S. 215
[8] Vgl. Reinhardt, R., Ornau, F.: 2015, S. 12ff
[9] Vgl. Hussy, W., Schreier, M., Echterhoff, G.: 2010, S. 216
[10] https://www.duden.de/rechtschreibung/Sample (29.11.2017)
[11] Vgl. Naderer, G., Balzer, E.: 2011, S. 260

sich jedoch in den Fragetypen unterscheidet. Die Fragen werden offen, geschlossen oder halboffen gestellt. Leitfadeninterviews werden verwendet, wenn bereits Forschungserkenntnisse vorliegen und um die verschiedenen Sichtweisen der Personen oder Personengruppen zu analysieren und vergleichen. Sie dienen der Ergänzung und Validierung bereits vorhandener Erkenntnisse zum Forschungsgegenstand. Der Vorteil dieses Verfahrens liegt in der einerseits strukturierten, aber auch offenen Gesprächsführung, bei der der Befragte Antwortspielräume nutzen kann. Jedoch erfordern Leitfadeninterviews Vorkenntnisse über den Untersuchungsgegenstand sowie erhöhte Anforderungen an den Interviewer, damit dieser das Interview mehr oder weniger stark steuern und beeinflussen kann.[12]

Das gesamte Vorgehen des Forschungsprojektes soll zunächst in einem Meilensteinplan festgelegt und grafisch dargestellt werden. Hierfür unterteilt man das Projekt in einzelne Arbeitspakete (Meilensteine), welche wiederum einer zeitlichen Dimension zugeordnet werden müssen. Somit können während des Projektes ständige Soll-Ist-Vergleiche durchgeführt werden und der Forscher kann jederzeit einlenken.[13] Der Meilensteinplan dient der Kontrolle des Projektverlaufs und ist für dieses Forschungsprojekt wie folgt aufgebaut:

Arbeitspaket	2017								
	Jan	Feb	Mrz	Apr	Mai	Jun	Jul	Aug	Sep
Entwicklung der Forschungsziele	■								
Operationalisierung	■								
Entwicklung eines Interviewleitfadens		■							
Feldforschungszugang		■							
Pretest		■							
Überarbeitung des Leitfadens			■						
Durchführung der Interviews				■	■	■			
Datenaufbereitung							■		
Interpretation							■		
Evaluation der Ergebnisse								■	
Präsentation der Ergebnisse									■

Tabelle 1: Meilensteinplan (Eigene Darstellung)

Nachdem die ersten Arbeitspakete zur Vorbereitung des Forschungsprojekts abgeschlossen sind, wird frühzeitig eine Zeitungsannonce geschaltet, in der die Leserschaft darauf hingewiesen wird, dass in absehbarer Zeit ein Telefoninterview mit einem ausgewählten Kundenkreis stattfindet.

Als Grundkonstrukt gilt für diesen Leitfaden die „Kundenbindung bei Tageszeitungen". Die relevanten Themenfelder nach der Operationalisierung von Rogall aus dem Jahr 2000 legen die Bereiche fest. Innerhalb der Themenbereiche werden diese einzeln in verschiedene Kategorien aufgesplittet, in welchen wiederum Indikatoren gebildet werden. Die Begrifflichkeiten sind dabei immer genauer und konkreter festgelegt. Die

---

[12] Vgl. Hussy, W., Schreier, M., Echterhoff, G.: 2010, S. 216f
[13] Vgl. Hölzle, P.: 2007, S. 104

Indikatoren stellen die Grundlage für die Entwicklung konkreter Untersuchungsmethoden dar. Auf ihnen aufbauend werden die verschiedenen Fragen entwickelt.

Der erstellte Leitfaden „Kundenbindung von Abonnenten einer Tageszeitung" soll den ungefähren Gesprächsablauf abbilden. Dieser ist wie folgt aufgeteilt:

- Begrüßung & Allgemeine Einleitung
- Formaler Teil, Ermittlung soziodemografischer Daten
- Einzelne Dimensionen, tatsächliches Interview
- Danksagung, Gesprächsabschluss

Im ersten Part des Interviewleitfadens soll dem Teilnehmer das Thema näher vorgestellt und der Grund der Befragung deutlich gemacht werden. Es erfolgt eine Einleitung, in der der Teilnehmende begrüßt wird und sowohl Hintergründe als auch Forschungsziel des Interviews erläutert. Hierdurch soll erstes Interesse geweckt werden und vor allem soll sich der Befragte der Wichtigkeit seiner Teilnahme bewusst sein. Des Weiteren wird die Vorgehensweise und der Ablauf des Interviews erklärt. Der Teilnehmer wird darüber informiert, dass das Gespräch für spätere Auswertungszwecke automatisch aufgezeichnet wird. Anschließend werden im formalen Teil Fragen zu den soziodemografischen Daten des Teilnehmers gestellt. Diese bestehen aus Fragen zu Geschlecht, Alter, Bildungsstand, Familienstand, aber auch, wie lange schon ein Abonnement der Tageszeitung vorliegt. Dieser Teil wird bewusst zu Beginn des Interviews gemacht, um im Laufe des Gespräches evtl. auf soziodemografische Einflüsse eingehen zu können oder auch Antworten besser nachzuvollziehen. Für die spätere Analyse sind diese Daten von hoher Bedeutung, da sie einen Überblick und eine Einordnung der einzelnen Interviews in Zielgruppen geben. Durch die Einteilung in Zielgruppen lässt sich die Repräsentativität der Stichprobe ermitteln. Sie geben Aufschluss darüber, welche Unterschiede zwischen einzelnen Altersgruppen auftreten, ob eher Akademiker oder normale Arbeiter zur Tageszeitung greifen oder ob hauptsächlich in Familien mit Kindern eine Tageszeitung abonniert haben oder nicht.

Sind die soziodemografischen Daten ermittelt, beginnt der wichtigste Teil des Interviews: der spezielle Teil, in dem auf die einzelnen Dimensionen eingegangen wird. Wie bereits erwähnt basiert der Interviewleitfaden auf der Operationalisierung von Rogall. Die einzelnen Dimensionen bilden die Hauptteile bzw. Rubriken der Befragung. Die vorgegebenen Kategorien gelten als Stichwörter und die Indikatoren werden zu Fragen umgewandelt. Die Stichwörter werden dem Befragten genannt, um sich näher mit dem Thema identifizieren zu können. Anschließend stellt der Interviewer die ausgearbeiteten Fragen pro Themenkomplex. Hierbei werden verschiedene Fragetypen eingesetzt. Es werden offene, geschlossene und halboffene Fragen gestellt, die sich in ihren Antwortmöglichkeiten unterscheiden. Während des Gesprächs kann der Interviewer einzelne Fragen variieren, abändern oder umstrukturieren, sofern es Sinn ergibt. Wichtig ist eine klare und verständliche Formulierung der Fragen. Fremdwörter oder Unverständlichkeiten sollten vermieden werden. Dem Befragten wird außerdem nach jeder Dimension die Möglichkeit gegeben, Fehlendes zu ergänzen und eigene Punkte hinzuzufügen.

Die einzelnen Teilbereiche sind klar getrennt, wodurch eine Strukturierung des Interviews gewährleistet ist. Dieser Strukturierung muss der Interviewer auf Grund des halbstandardisierten Typs nicht zwingend nachkommen, die Reihenfolge der einzelnen Dimensionen kann flexibel gestaltet werden. Anhand der verschiedenen Themenbereiche wäre es jedoch sinnvoll, die Dimension „Kundenzufriedenheit" an den Schluss zu stellen, da sich der Befragte durch die Beantwortung der Fragen der anderen Rubriken seiner wirklichen Zufriedenheit erst bewusst wird und abschließend darüber urteilen kann. Die Kundenzufriedenheit gilt als grundlegend für das Abschließen eines Abonnements bzw. die Bindung an eine Tageszeitung. Der Interviewleitfaden setzt nachfolgende Rangfolge der Dimensionen voraus:

Dimension: Habituelle Mediennutzung

In dieser Dimension sollen Verhaltensmuster und bestehende Gewohnheiten der Kunden im Umgang mit der Tageszeitung ermittelt werden. Es wird gefragt, ob das Lesen der Tageszeitung zum alltäglichen Ablauf gehört und welchen (Lese-)Gewohnheiten die Kunden nachgehen. Im Zusammenhang auf die Bindung an die Tageszeitung kann man davon ausgehen, dass stärkere Gewohnheiten und die Alltäglichkeit zu einer höheren Bindung führen. Ohne das Lesen der Tageszeitung würde etwas im gewöhnlichen Ablauf fehlen.

Dimension: Variety Seeking

Die zweite Dimension „Variety Seeking" setzt sich mit der Suche nach Abwechslung durch einen Produktwechsel auseinander. Es stellt sich die Frage, wie groß der Wechselwunsch momentan ist, welche weiteren Konkurrenzmedien genutzt werden und ob der Leser überhaupt Interesse an Neuem hat. Je stärker der Wunsch nach Abwechslung oder etwas Neuem ist, desto geringer ist die Bindung an die Tageszeitung.

Dimension: Soziale Wechselhemmnisse

Hierbei soll das soziale Umfeld und dessen Beeinflussung untersucht werden. Es wird ermittelt, ob es sich bei dem Abonnement um Tradition handelt und inwieweit soziale und regionale Einflüsse eine Rolle spielen.

Dimension: Ökonomische Wechselhemmnisse

Diese Dimension betrachtet die Einflüsse finanzieller Aspekte in Bezug auf die Kundenbindung einer Tageszeitung. Ein Wechsel sollte für den Kunden möglichst kostengünstig und mit geringem Aufwand verbunden sein. Somit spielen finanzielle Aspekte eine essentielle Rolle bei der Wahl der Tageszeitung.

Dimension: Produktfunktionen und –eigenschaften

Hier geht es um die Funktionen und den Nutzen, den Zeitungen für den Leser darstellen sollen. Die Kunden sollen erörtern, welche Eigenschaften sie ihrer Tageszeitung zuschreiben würden und wo die Stärken und Schwächen liegen. Außerdem wird ermittelt, aus welchem Grund die Rezipienten Zeitung lesen (Bsp.: Informationsfunktion, Unterhaltungsfunktion, ...). Beurteilt der Kunde die Funktionen und Eigenschaften der Zeitung als positiv, ist seine Bindung an ebenjene höher.

Dimension: Kundenzufriedenheit

Die letzte und wohl wichtigste Dimension ist die Kundenzufriedenheit. Hier wird unterschieden zwischen der globalen und der partiellen Zufriedenheit, d.h. die Zufriedenheit mit der Zeitung als Ganzes und die Zufriedenheit mit einzelnen Teilen der Zeitung. Als logische Schlussfolgerung lässt sich feststellen: Je zufriedener der Leser mit der Zeitung ist, desto höher ist seine Bindung an diese.

Jede einzelne Dimension spielt eine wichtige Rolle in der Ermittlung der Kundenzufriedenheit und für die Bewertung der Bindung an die Tageszeitung.

Sobald der vorläufige Leitfaden erstellt ist, erfolgt zunächst ein Pretest, bei dem ein kleiner Teil der Kunden bereits vorab befragt wird. Hierdurch soll ermittelt werden, ob der Fragebogen überhaupt geeignet ist, mit welcher Länge des Interviews zu rechnen ist und welche Verbesserungs- oder Anpassungsmöglichkeiten bestehen.[14] Anschließend wird der vorläufige Leitfaden nochmals überarbeitet und verbessert, da fehlerhafte Fragebögen nicht zu dem gewünschten Forschungsziel führen. Im Anschluss an die Überarbeitung des Leitfadens wird das Sample festgelegt. Ziel einer jeden Befragung soll es sein, aus einzelnen repräsentativen Stichproben Rückschlüsse auf die Allgemeinheit ziehen zu können. Obwohl eine Tageszeitung mehrere Stakeholder bedient, wird sich in diesem Fall für die Mediennutzer als Zielgruppe entschieden.

Das Sample soll mit Hilfe eines Losverfahrens aus der Kundendatenbank Personen auswählen, die bestimmten Kriterien entsprechen. Beispiele für Auswahlkriterien können Alter, Geschlecht oder Bildung sein. Um ein möglichst repräsentatives Ergebnis zu erhalten, sollte die Teilnehmerzahl gemäß der gesamten Leserschaft angepasst sein. Beispielsweise könnten je nach Größe des Kundenstamms 10% aller Leser befragt werden. Auf Grund der gewissen Varianz an Teilnehmenden steigt die Aussagekraft des Interviews, da durch die ausgewählten Kriterien auf die Gesamtheit der Leserschaft schließen lässt. Es werden Abonnementen aller Altersklassen, beider Geschlechter und mit unterschiedlichen bestehenden Abonnement-Dauern befragt, um damit eine möglichst breite Masse abzudecken.

Nach dem Pretest und der Sampling-Auswahl kann mit dem tatsächlichen Interview begonnen werden. Hierzu werden zuvor informierte Leser zu einem ausgemachten Termin angerufen. Das Interview soll in aller Ruhe ohne große Störfaktoren stattfinden können. Die einzelnen Fragen werden nach und nach gestellt und beantwortet. Nach Beendigung des speziellen Teils wird dem Interviewpartner die Möglichkeit gegeben, noch offene Fragen zu klären oder fehlende Aspekte nachzureichen. Zum Abschluss erfolgt eine Danksagung, in dem sich der Interviewer für die Mitarbeit bedankt,

---

[14] Vgl. Kaya M. in Albers, S., Klapper, M., Konradt, U., Walter, A., Wolf, J.: 2009, S. 54

organisatorische Punkte (z.B. Erreichbarkeit bei Rückfragen, Veröffentlichung der Ergebnisse…) geklärt und sich anschließend höflich verabschiedet. Somit ist das Interview beendet und der Forscher geht in die Auswertung und Analyse der Ergebnisse über.

2. Gegenüberstellung telefonische Befragung ↔ Face-to-Face-Interview

Um wissenschaftliche Untersuchungen und Fragestellung erfolgreich durchführen zu können, müssen Daten erhoben werden. Sie bilden die Grundlage der Forschung. Der Begriff *Datenerhebung* stellt nach Kaya (basierend auf Hammann und Erichson 2000, S. 81) „die systematische und gezielte Aktivität zur Beschaffung von Informationen"[15] dar. Hierbei kann man nach verschiedene Verfahren differenzieren: Befragung und Beobachtung, welche beide in einer Inhaltsanalyse genauer untersucht werden. Da sich dieser Aufgabenteil nur auf Arten der Befragung bezieht, wird nur für dieses Verfahren weiter differenziert. Je nach Durchführungsform wird zwischen „persönlichem Interview (face-to-face)", „Telefoninterview" oder „schriftlicher Befragung" unterschieden.[16]

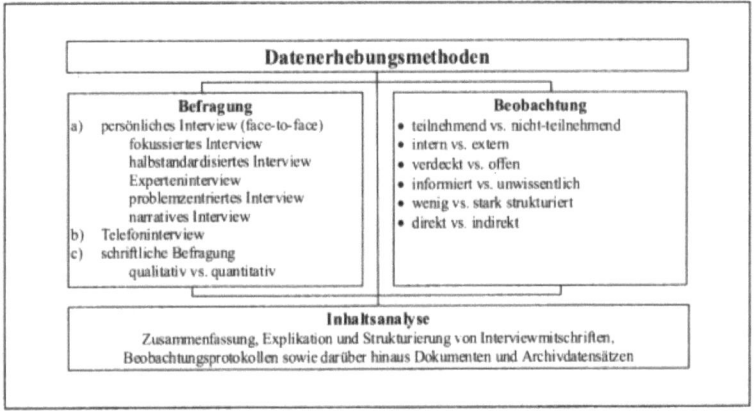

Abb. 1: Datenerhebungsmethoden und ihre spezielle Form (Quelle: Albers, S., Klapper, D., Konradt, U., Walter, A., Wolf, J.: 2009, S. 38)

Die Abbildung verdeutlicht, dass die mündliche Art der Befragung entweder Face-to-Face – und somit als direkte Gegenüberstellung – oder per Telefon durchgeführt werden kann. Der Forscher legt fest, in welchem Ausmaß eine Interviewsituation strukturiert bzw. standardisiert ist. Es lassen sich dabei drei Formen der Standardisierung unterscheiden:[17]

- Voll-standardisierte Befragung
- Teil-standardisierte Befragung
- Nicht-standardisierte Befragung

---

[15] Vgl. Kaya, M. in Albers, S., Klapper, D., Konradt, U., Walter, A., Wolf, J.: 2009, S. 49
[16] Ebenda, S. 38
[17] Vgl. http://eswf.uni-koeln.de/lehre/stathome/folien/v0217.htm (14.11.2017)

Die voll-standardisierte Befragung stellt hierbei den klassischen Fragebogen dar. Die Antwortmöglichkeiten sind vorgegeben, die Fragen werden jedem Teilnehmer in gleicher Form und Reihenfolge gestellt. Ziel ist es dabei, eine Vergleichbarkeit der Resultate herzustellen. Die gesamte Situation ist dadurch vom Interviewer vorstrukturiert und kann gelenkt werden, sodass der Spielraum für die Befragten klein gehalten wird.[18]

Ein Beispiel der teilstandardisierten Methode ist das Leitfadengespräch. Dem Befragten wird eine gewisse Gesprächsstruktur durch bereits formulierte Fragen vorgegeben. Jedoch spielt die Reihenfolge der Fragen im Gegensatz zur voll-standardisierten Befragung keine Rolle. Der Interviewer kann den Gesprächsverlauf stets beeinflussen und so gelenkt werden, dass er gezielt zu den benötigten Informationen kommt.[19]

Bei der nicht-standardisierten Befragung wird kein Fragebogen als Vorlage der Gesprächsform verwendet. Die Gesprächsstruktur ist völlig offen und kann vom Interviewer zur bestmöglichen Erreichung des Befragungsziels gelenkt werden. Dies gestaltet sich jedoch als schwierig, der Forscher muss eine enge Bindung an das Projekt haben und mit dem Untersuchungsgegenstand äußerst gut vertraut sein. Als Beispiele der nicht-standardisierten Befragung gelten Experteninterviews, freie Interviews oder Narrative Interviews.[20]

Die Methode der Befragung unterscheidet sich zwischen face-to-face-Interviews, Telefoninterviews und der schriftlichen Befragung. Hier soll auf die Differenzierung zwischen der persönlichen und der telefonischen Befragung eingegangen werden.

Die face-to-face-Befragung stellt seit Jahren mit die wichtigste Art der Datenerhebung dar, trotz mittlerweile rückläufiger Zahlen. Die Datenerhebung der persönlichen Befragung kann in zwei Modi unterteilt werden: PAPI („Paper And Pencil Interviewing") und CAPI („Computer-Assisted Personal-Interviewing"). Das FTF-Interview ermöglicht eine Datenerhebung innerhalb jeder Zielgruppe, solange das Interview entsprechend angepasst ist. Es besteht eine hohe Flexibilität, der Interviewer kann das Gespräch je nach Vorgehensweise sehr offen gestalten. Während des Gesprächs kann sich der Interviewer auf den Teilnehmer einlassen und jederzeit auf Rückfragen antworten. Er kann außerdem die Kontrolle über das Gespräch halten und es durch zusätzliche variable Möglichkeiten nach Belieben gestalten.

Allerdings birgt diese Methode neben den genannten Vorteilen auch ein paar Nachteile. Zu nennen ist dabei der hohe Verwaltungs- und Organisationsaufwand, welcher meist mit hohen Kosten verbunden ist. Aber auch eine mögliche Verzerrung der Antworten durch bestimmte Erwartungshaltungen könnte das Interview stark beeinflussen. Außerdem ist bei einer persönlich-mündlichen Befragung stets mit einer längeren Feldzeit, also der Zeit bis zur ausreichenden Rücklaufquote, zu rechnen. Dies wird problematisch, sobald man

---

[18] Vgl. Häder, M.: 2010, S. 192
[19] Vgl. Reinhardt, R., Ornau, F.: 2015, S. 13f
[20] Vgl. ebenda, S. 12f

eine Studie zu einem aktuellen Thema durchführen möchte. Insgesamt kann man von folgenden Fehlerquellen ausgehen:[21]

- Befragtenmerkmale (Response Sets, sozial erwünschte Antworten…)
- Fragebogen (Reihenfolge der Fragen, Antwortmöglichkeiten…)
- Interviewer (Fehlverhalten, Latente Merkmale des Interviewers…)
- Situation und Umfeld des Interviews (Sponsorship. Anwesenheit Dritter…)

Das persönlich-mündliche Interview kann in Form eines Kurzinterviews spontan erfolgen oder aber auch im Rahmen einer Studie, um beispielsweise die Kundenzufriedenheit anhand eines ausgewählten Samples festzustellen.

Das Telefoninterview lässt sich ebenfalls der Befragung zuordnen. Es hat im Laufe der Jahre immer mehr an Bedeutung gewonnen und spielt mittlerweile eine große Rolle bei der Erhebung von Daten. Bei Telefoninterviews wird das CATI-System (Computer Assisted Telefon Interviewing) eingesetzt. Im Gegensatz zum Face-to-Face-Interview sind Telefoninterviews kostengünstiger und ersparen durch ihre Schnelligkeit einige Zeit. Der Interviewer hat keinen Reiseaufwand mehr, sondern kann das Interview bequem von zu Hause oder seinem Arbeitsplatz durchführen. Das Telefoninterview ist besonders für kurze Befragungen geeignet. Viele Interviewpartner sehen die räumliche Distanz als Vorteil, sie fühlen sich anonymer und brechen eine Befragung seltener ab.[22] Die Untersuchungsergebnisse sind bei einer Telefonbefragung schneller verfügbar und können besser verwertet werden. Außerdem kann der Interviewer das Gespräch besser steuern und sorgt dadurch für eine erhöhte Standardisierung des Verfahrens. Die Befragung kann außerdem weiter regional gestreut werden, da keine örtliche Bindung besteht.

Trotz der bereits genannten Vorteile gibt es auch Nachteile des Telefoninterviews. Im Gegensatz zur persönlich-mündlichen Befragung ist der Umfang bzw. die Dauer des Interviews oftmals geringer. Des Weiteren leidet die Datenqualität unter Informationsverlusten, die bei einem Face-to-Face-Interview evtl. bedeutend für den weiteren Gesprächsverlauf waren.[23] Ein weiterer Nachteil ist die möglicherweise fehlende regionale Eingrenzung. Diese ist nur mit Verwendung von Festnetznummern möglich, Mobilfunknummern lassen sich geographisch nicht einordnen.

Telefoninterviews werden meist zur Befragung der Kundenzufriedenheit oder der Reaktion von Kunden auf Produktveränderungen eingesetzt.

Während das Telefoninterview kosten- und zeitsparender ist, lohnt sich der Aufwand für ein persönliches Interview, um Informationsverluste durch fehlende visuelle Eindrücke zu vermeiden. Die Einflussnahme auf das Interview ist bei einem Telefoninterview geringer als bei einem FTF-Interview. Letztendlich ist es jedoch immer von der

---

[21] Vgl. Häder, M.: 2010, S. 207ff
[22] Vgl. Bortz, J., Döring, N.: 2006, S. 240f
[23] Vgl. Gläser, J., Laudel, G.: 2009, S. 153

Forschungsfrage bzw. dem Untersuchungsgegenstand abhängig, für welche Art der Befragung sich der Forscher entscheidet.

3. Gütekriterien zur Qualitätsbeurteilung einer qualitativen Inhaltsanalyse

Die Inhaltsanalyse ist nach der Definition von Uwe Flick „eine der klassischen Vorgehensweisen zur Analyse von Textmaterial gleich welcher Herkunft."[24] Er beschreibt die Inhaltsanalyse zunächst als allgemeines Vorgehen, unabhängig davon, ob es sich um einen Medienartikel oder ein Experteninterview handelt. Als Ziel einer Inhaltsanalyse sieht Flick die „Reduktion des Materials"[25] durch ein systematisches Vorgehen. Hierzu wird ein Kategoriensystem festgelegt, in denen Materialsegmente einzelnen Kategorien zugeordnet werden.[26] Dieses Kategoriensystem bildet außerdem den Kern der Inhaltsanalyse. Nach dem deutschen Psychologen Philipp Mayring handelt es sich bei der Inhaltsanalyse um eine „kategoriengeleitete Textanalyse"[27], welche durch ein systematisches, regelgeleitetes und theoriegeleitetes Vorgehen fixierte Kommunikation analysieren soll, mit dem Ziel, auf ausgewählte Aspekte der Kommunikation rückschließen zu können.[28] In Bezug auf die Forschung bzw. einen bestimmten Untersuchungsgegenstandes soll mit Hilfe der Inhaltsanalyse eine Basis an relevanten Informationen zur Beantwortung der Forschungsfrage geschaffen werden.[29] Von Bedeutung ist die Differenzierung zwischen quantitativer und qualitativer Inhaltsanalyse. Während in der quantitativen Forschung bzw. Analyse numerische Werte statistisch ausgewertet werden, basiert die qualitative Forschung auf der interpretativen Verarbeitung nicht-numerischer und verbaler Daten.[30]

Um einen Maßstab an Qualität herstellen zu können, müssen bestimmte Regeln und Vorgaben – die Gütekriterien – eingehalten werden. Das erwähnte Kategoriensystem der qualitativen Inhaltsanalyse sollte demnach valide, objektiv und reliabel sein.[31] Diese Gütekriterien der Validität, Objektivität und Reliabilität sind bereits aus der quantitativen Forschung bekannt, können jedoch nicht eins zu eins auf die qualitative Forschung übertragen werden. Daraus entstand eine kontroverse wissenschaftliche Diskussion, wodurch drei unterschiedliche Auffassungen entstanden:[32]

- Generelle Ablehnung jeglicher Kriterien
- Übertragen der quantitativen Kriterien auf qualitative Forschung ist bei geeigneter Anpassung möglich
- Entwicklung komplett neuer Kriterien

Ein kompletter Verzicht auf jegliche Gütekriterien hätte allerdings eine Willkür der Forschung zur Folge und kann daher ausgeschlossen werden. Die Übertragung der

---

[24] Flick, U.: 2000, S. 212
[25] ebenda
[26] Vgl. Hussy, W., Schreier, M., Echterhoff, G.: 2010, S. 245
[27] Mayring, P.: 2010, S. 12
[28] Vgl. ebenda
[29] Vgl. Gläser, J., Laudel, R.: 2009, S. 200
[30] Vgl. Bortz, J., Döring, N.: 2006, S. 298
[31] Vgl. Hussy, W., Schreier, M., Echterhoff, G.: 2010, S. 247
[32] Vgl. Ornau, F.: 2015, S. 73

bisherigen quantitativen Kriterien auf die qualitative Forschung wird empfohlen, so lange sich die Forscher einer kritischen Reflexion bewusst sind und die quantitativen Gütekriterien sinnvoll anpassen können. Die Vertreter der dritten Auffassung lehnen auch eine Anpassung und Modifizierung der bestehenden quantitativen Kriterien ab und stehen für die Entwicklung von neuen, rein für die qualitative Forschung passenden Gütekriterien. Die Kriterien sollen auf Basis rein wissenstheoretischer Besonderheiten formuliert und ausgearbeitet werden.[33] Daraus resultiert eine Auseinandersetzung mit den Gütekriterien qualitativer Forschung in zwei Richtungen: zum einen stellt sich die Frage, wie sich die Kriterien Reliabilität und Validität für die qualitative Forschung umformulieren lassen und zum anderen, welche Methoden können entwickelt werden, die die quantitativen Kriterien möglichst ersetzen.[34] Nach Ines Steinke sind spezifische Gütekriterien in der qualitativen Forschung dringend notwendig, welche sich jedoch an den quantitativen Kriterien orientieren können. Eine Abgrenzung ist dennoch notwendig, um eine methodische Vorgehensweise zu indizieren, um die theoretisch gewonnenen Erkenntnisse empirisch zu verankern, um eine Repräsentativität der Ergebnisse herzustellen und um eine Intersubjektive Nachvollziehbarkeit herzustellen.[35] Die qualitative Forschung soll damit die für empirische Forschungen notwendige Objektivität herstellen.

In Anlehnung an die drei quantitativen Kriterien Reliabilität, Objektivität und Validität wurden von Yvonna S. Lincoln und Egon G. Guba Gütekriterien der qualitativen Forschung entwickelt. Diese werden in der nachfolgenden Tabelle gegenüber gestellt:

Quantitative Gütekriterien	Qualitative Gütekriterien (nach Lincoln und Guba)
Reliabilität	Verlässlichkeit
Interne Validität	Glaubwürdigkeit
Externe Validität	Übertragbarkeit
Objektivität	Bestätigbarkeit/Nachvollziehbarkeit

Tabelle 2: Gütekriterien der quantitativen und qualitativen Forschung[36]

Diese Gütekriterien werden jedoch nur der Vollständigkeit halber erwähnt, auf sie soll nicht näher eingegangen werden.

Auch Philipp Mayring beruft sich bei den Gütekriterien auf Basis der drei quantitativen Dimensionen Reliabilität und Validität. Er stützt sich dabei auf die von Krippendorff im Jahr 1980 ausgearbeiteten Kriterien:

---

[33] Vgl. Ornau, F.: 2015, S. 73
[34] Vgl. Baur, N., Blasius, J.: 2014, S. 413
[35] Vgl. Steinke, I. in Kuckartz, U., Grunenberg, H., Dresing, T.: 2007, S. 187
[36] Eigene Darstellung in Anlehnung an Lincoln, Y. S., Guba, E. G.: 1985

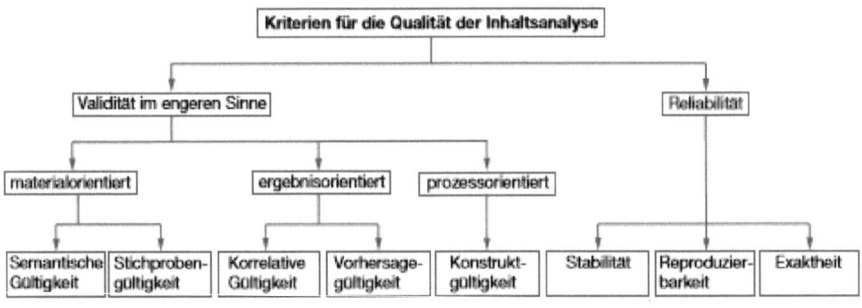

Abb. 2: Inhaltsanalytische Gütekriterien nach Krippendorff 1980 S. 158 (Quelle: Mayring, P.: 2010, S. 119)[37]

Mayring sieht diese Aufteilung von Krippendorff als „schlüssige und gut anwendbare Fassung von inhaltsanalytischen Gütekriterien"[38], warnt aber davor, dass Fehler in der Inhaltsanalyse weiterhin zu hinterfragen sind. Dadurch könnten weitere, neue Kriterien entstehen, die die Eignung der Inhaltsanalyse in Frage stellen könnten.

Nachfolgend sollen die Gütekriterien Semantische Gültigkeit, Korrelative Gültigkeit und Konstruktgültigkeit auf Seiten der Validität sowie Stabilität und Reproduzierbarkeit auf Seiten der Reliabilität genauer beschrieben werden.

Zunächst lässt sich feststellen, dass Krippendorff in seiner Konstellation bei der Validität in materialorientiert, ergebnisorientiert und prozessorientiert unterscheidet. Er unterteilt die materialorientierte Validität in Semantische Gültigkeit und Stichprobengültigkeit. Die *Semantische Gültigkeit* ermittelt hierbei „die Richtigkeit der Bedeutungsrekonstruktion des Materials."[39] Es handelt sich um eine sprachlogische Validität, die mittels Fragen überprüft werden kann. Bei der Semantischen Gültigkeit ist zu beachten, dass sich Konstrukt und Indikatorbegriffe durch Korrespondenzregeln verknüpfen lassen, da sonst ein „Korrespondenzproblem" auftritt. Eine grundlegende Frage zur Überprüfung ist, ob die Begriffsdefinition auch richtig „übersetzt" wird in operationale Vorschriften.[40] Dies erscheint zunächst simpel, jedoch ist es von hoher Bedeutung, die richtigen Indikatoren zu finden, was sich manchmal als Schwierigkeit herausstellen kann. Bei der Überprüfung der Semantischen Gültigkeit können fünf mögliche Ergebnisse auftreten[41]:

1. Vollständige Validität → Inhaltsbereich von definiertem Begriff und operationaler Vorschrift sind identisch
2. Operationalisierung zu eng → Nominaldefinition ist weiter als Operationalisierung; Definition beinhaltet Vorschrift, aber auch noch weitere Perspektiven
3. Operationalisierung zu weit → vice versa, Operationalisierung beinhaltet Nominaldefinition, betrachtet aber auch noch weitere Aspekte

---

[37] Mayring, P.: 2010, S. 119
[38] Ebenda, S. 121
[39] Mayring, P.: 2010, S. 119
[40] Vgl. Kromrey, H., Roose, J., Strübing, J.: 2016, S. 186
[41] Vgl. ebenda, S. 187f

4. Operationalisierung nicht trennscharf → Operationalisierung vermischt verschiedene Aspekte, operationale Vorschrift umfasst teilweise Nominaldefinition und anders rum

5. Keine semantische Gültigkeit → keine Schnittmenge zwischen operationaler Vorschrift und Nominaldefinition

Nach Mayring bzw. Krippendorff können Expertenmeinungen schon ausreichend sein, zur Sicherheit sollten jedoch folgende zwei Fragen als „Checks" gestellt werden:[42]

- Sammeln aller Textstellen, welche auf Grund von Analyseanweisungen eine bestimmte Bedeutung haben. Vergleich der Textstellen mit Konstrukt und Überprüfung auf Homogenität der Stellen.
- Hypothetische Textstellen mit bekannter Bedeutung konstruieren und prüfen, ob diese Bedeutung durch das Analyseinstrument rekonstruierbar ist. Konstruktion von Problemfällen zur Überprüfung des Kategoriensystems.

Das zweite Gütekriterium, die *Korrelative Gültigkeit*, ist der ergebnisorientierten Validität zugeordnet. Damit ist die „Validierung durch Korrelation mit einem Außenkriterium"[43] gemeint. Hierdurch kann ein Vergleich mit bereits bestehenden Untersuchungen und Forschungen erfolgen. Dies ist jedoch Voraussetzung für die Überprüfung. Oftmals geschieht ein Vergleich mit Ergebnissen aus Experimenten, Beobachtungen und Tests, welche teils einen quantitativen Forschungshintergrund aufweisen.

Als letztes Gütekriterium der Validität soll die *Konstruktvalidität* näher vorgestellt werden. Sie ist der prozessorientierten Validität untergeordnet und soll ermitteln, ob auch tatsächlich das gemessen wird, was gemessen werden soll. Die Konstruktvalidität kann empirisch erfasst werden und kann durch nachfolgende Fragen bzw. Kriterien überprüft werden:[44]

- Welche bisherigen Erfolge wurden mit ähnlichen Konstrukten bzw. Situationen erzielt?
- Gibt es bereits Erfahrungen im Zusammenhang mit dem vorliegenden Forschungsmaterial?
- Welche etablierten Theorien und Modelle bestehen?
- Welche repräsentativen Interpretationen gibt es und wer ist Experte in dieser Forschungsfrage?

Problematisch könnte es bei der Ermittlung der Konstruktvalidität werden, wenn ähnliche Konstrukte mit unterschiedlichen Forschungszielen verglichen werden. Somit ist die genaue Auswahl des zu vergleichenden Konstruktes von hoher Bedeutung, um ein aussagekräftiges Ergebnis in Bezug auf die Konstruktvalidität zu erhalten.

---

[42] Vgl. Mayring, P.: 2010, S. 119
[43] ebenda
[44] ebenda

Als ein Gütekriterium der Reliabilität gilt die *Stabilität*. Sie lässt sich durch die *Intra-Coderreliabilität* ermitteln und stellt laut Mayring eines der wichtigsten Gütekriterien dar. Er ist der Meinung, dass dieses Kriterium bei jeder Inhaltsanalyse überprüft werden soll. Durch die Intra-Coderreliabilität soll das erstellte Kategoriensystem auf Stabilität geprüft werden. Nach Abschluss der Analyse wird das Analyseinstrument nochmals auf das Material angewendet, ohne dass die zuerst erfolgten Codierungen beachtet werden.[45] Als Codierung wird die Festlegung und Erstellung eines Kategoriensystems oder auch die „Definition von inhaltsanalytischen Einheiten"[46] verstanden, welches wie schon erwähnt den Kern der qualitativen Inhaltsanalyse bildet. Im Zuge der Intra-Coderreliabilität wird die Übereinstimmung zwischen zwei Codierdurchgängen desselben Codierers gemessen. Besteht dabei ein hoher Grad an Übereinstimmung, so gilt dies als Zeichen von Stabilität des Verfahrens.

Das letzte, aber nicht minder wichtige Gütekriterium ist die *Reproduzierbarkeit*, welche ebenso wie die Stabilität zu den Gütekriterien der Reliabilität gehört. Sie beschreibt „den Grad, in dem die Analyse unter anderen Umständen, anderen Analytikern zu denselben Ergebnissen führt."[47] Auch dieses Kriterium ist laut Mayring bei jeder Inhaltsanalyse zwingend zu überprüfen. Die Reproduzierbarkeit lässt sich mit Hilfe der Inter-Coderreliabilität ermitteln, welche ein besonderes Instrument der qualitativen Inhaltsanalyse darstellt. Bei diesem Verfahren erhalten mehrere unabhängige Codierer dieselben Daten zur Codierung bzw. Interpretation. Bei einer hohen Interpretationsübereinstimmung liegt eine hohe Reproduzierbarkeit vor. Zur Berechnung der Übereinstimmung wurden im Laufe der Zeit einige Algorithmen und Formeln entwickelt, auf die in dieser Ausarbeitung jedoch nicht weiter eingegangen wird. Es soll lediglich die simpelste bzw. einfachste Berechnung nach Holsti aus dem Jahr 1969 aufgezeigt werden:

$$\frac{(Zahl\ der\ Kodierer)\ x\ (Zahl\ der\ übereinstimmenden\ Urteile)}{(Zahl\ aller\ Kodierurteile)}$$

Allerdings beeinflussen mehrere Koeffizienten die Ermittlung des Reliabilitätsmaßes, sodass diese Formel tatsächlich das einfachste Maß aufzeigt. Die Inter-Coderreliabilität sollte nur angewandt werden, wenn Untersuchungen mit großen Datenmengen vorliegen und/oder eine deutliche Abgrenzung der einzelnen Kategorien und Codierungen vorgenommen werden kann.[48]

Grundlegend lässt sich jedoch feststellen, dass eine eindeutige Festlegung von Gütekriterien im Gegensatz zur quantitativen Forschung bei der qualitativen Forschung noch in der Diskussion steht. Die Wissenschaft ist sich noch unklar, ob dies überhaupt gewünscht und sinnvoll ist in Anbetracht der geringeren Standardisierung von Vorgehensweisen bei der qualitativen Forschung. Es kann sich lediglich an die quantitativen Gütekriterien angenähert werden. Kriterien wie Glaubwürdigkeit,

---

[45] Vgl. Mayring, P.: 2010, S. 120
[46] Ebenda, S. 49
[47] Ebenda, S. 120
[48] Vgl. Misoch, S.: 2015, S. 237

Übertragbarkeit oder Zuverlässigkeit lassen sich jedoch nur schwer messen und überprüfen.

Kundenbindung von Abonnenten einer Tageszeitung

LEITFADENINTERVIEW

MAGDALENA HELM

Sehr geehrte Frau _____ / Sehr geehrter Herr _____,

herzlich Willkommen zum Interview. Zunächst vielen Dank, dass Sie sich hierfür bereit erklären und die Zeit nehmen.

Zu Beginn möchte ich Ihnen den Hintergrund des Interviews nochmals darlegen:

Mein Name ist Magdalena Helm und ich bin bei der Tageszeitung XY tätig. Ein großes wichtiges Thema heute und in der Zukunft ist die Kundenbindung und –zufriedenheit. Um herauszufinden, welche Kriterien hierbei eine wichtige Rolle spielen, führen wir dieses Interview. Mit Ihrer Hilfe sollen subjektive und vor allem ehrliche Meinungen und Erwartungen an uns vermittelt werden, sodass wir daran ansetzen können.

Nun werden Ihnen im Anschluss zunächst Fragen zu Ihrer Person gestellt, um eine größtmögliche Repräsentativität der Ergebnisse zu erhalten. Danach beginnt der wichtige Teil des Interviews. Hier werden Ihnen verschiedene Fragetypen begegnen. Einerseits werden Antwortmöglichkeiten vorgegeben, andererseits dürfen Sie ganz frei erzählen. Das Interview wird sich in mehrere Rubriken aufteilen. Ich bitte Sie, vollkommen ehrlich zu antworten und alles, was Ihnen wichtig erscheint, zu sagen. Es wird von einer Gesprächsdauer von ca. 30 – 45 Minuten ausgegangen.

Ich möchte Sie darauf hinweisen, dass dieses Interview automatisch für spätere Verwendungszwecke aufgezeichnet wird. Die Daten werden selbstverständlich vertraulich behandelt und jegliche Datenschutzbestimmungen werden eingehalten. Die Analyse und Auswertung der Gespräche erfolgt anonym ohne Rückschlüsse auf die befragte Person. Sollten Sie auf keinen Fall eine Aufzeichnung des Gespräches wünschen, werden wir diesem Belangen natürlich nachkommen.

Haben Sie noch offene Fragen zum Ablauf des Interviews?

Wie in der Einführung erwähnt, erfolgt zunächst eine Befragung zu Ihrer Person und soziodemografischen Daten.

- Sind Sie männlich/weiblich?
- Wie alt sind Sie?
- Welchen Familienstand haben Sie?
- Wie ist Ihre Haushaltsgröße?
- Haben Sie Kinder? Wenn ja, wie viele?
- Welchen Schulabschluss besitzen Sie?
- Sind Sie berufstätig? Welcher Beruf?
- Seit wann lesen Sie Tageszeitung?
- Seit wann besitzen Sie ein Abonnement?

1. Rubrik: Habituelle Mediennutzung

Nachdem der formale Teil beendet ist, beginnt nun der spezifische Fragenteil des Interviews. Wir beginnen mit der Rubrik „Habituelle Mediennutzung".

Hier geht es hauptsächlich um das Verhalten bezogen auf die Mediennutzung.

Stichwort: Nutzung, Gewohnheit, Mediennutzungsmuster

1. Gehört das Lesen der Tageszeitung zu Ihrem alltäglichen Ablauf?
2. Würden Sie das Lesen Ihrer Zeitung im Tagesablauf vermissen?
3. Inwieweit gibt es einen bestimmten Ablauf beim Lesen? Bevorzugen Sie einzelne Rubriken, lesen Sie die Zeitung immer in der gleichen Reihenfolge? Welche Teile lesen Sie selten bis nie?
4. Könnten Sie sich an eine andere Tageszeitung gewöhnen? Wenn ja, wie würden Sie die Umgewöhnungsdauer einschätzen?

5. Gibt es noch Punkte, Themen, die Sie zu dieser Rubrik hinzufügen möchten?

2. Rubrik: Variety Seeking

Die zweite Rubrik „Variety Seeking" bezieht sich auf die Suche nach Abwechslung bzw. das Verhalten des Lesers in Bezug auf Veränderungen. Diese Dimension trifft jedoch nicht immer auf alle Kunden zu.

Stichwort: Wunsch nach Abwechslung, Nutzung Konkurrenzmedien

1. Welchen Wunsch nach Abwechslung hegen Sie bei Ihrer aktuellen Tageszeitung?
2. Sind Sie sehr offen für Neues? Probieren Sie gerne neue Medien/Sachen aus?
3. Welche weiteren (Konkurrenz-)Medien nutzen Sie?

4. Gibt es noch Punkte, Themen, die Sie zu dieser Rubrik hinzufügen möchten?

3. Rubrik: Soziale Wechselhemmnisse

In der Rubrik „Soziale Wechselhemmnisse" möchte ich mehr über Ihre sozialen Bindungen zur Zeitung erfahren.

Stichwort: Tradition, soziale Bindung, soziales Umfeld

1. Inwiefern ist die Nutzung der Tageszeitung bzw. ein Abonnement bei Ihnen (Familien)Tradition?
2. Beeinflusst Ihr soziales Umfeld Sie in Bezug auf die Zeitung? Besteht die Gefahr, ohne Zeitung als ungebildet dazustehen?
3. Welche soziale Bindung an die Region sehen Sie durch die Zeitung? Stellen Sie dadurch eine Verbindung zur Region her?
4. Engagieren Sie sich in der Lokalpolitik? Besteht Interesse für die Lokalpolitik?

5. Gibt es noch Punkte, Themen, die Sie zu dieser Rubrik hinzufügen möchten?

4. Rubrik: Ökonomische Wechselhemmnisse

Die vierte Dimension „Ökonomische Wechselhemmnisse" setzt sich mit den finanziellen Aspekten auseinander.

Stichwort: Wechselkosten, Treue, Beschwerdeverhalten

1. Wann und warum wäre ein Wechsel für Sie lohnenswert? Welchen Aufwand und welche Kosten würden Sie dafür betreiben?
2. Auf einer Skala von 1-6 nach dem Schulnotensystem: Wie beurteilen Sie das Preis-Leistungsverhältnis Ihrer Tageszeitung?
3. Wünschen Sie sich Treuevorteile? Wie könnten diese aussehen?
4. Wie beurteilen Sie das Beschwerdeverhalten? Wie gehen Sie im Falle einer Beschwerde vor, wo wünschen Sie sich Verbesserungen oder Änderungen?

5. Gibt es noch Punkte, Themen, die Sie zu dieser Rubrik hinzufügen möchten?

5. Rubrik: Produktfunktionen und –eigenschaften

In der vorletzten Rubrik „Produktfunktionen und –eigenschaften möchte ich von Ihnen wissen, welche die Zeitung bei Ihnen erfüllt und wie diese wahrgenommen werden.

Stichwort: Funktionen der Zeitung, ausgewählte Eigenschaften

1. Welche Aufgaben und Funktionen sehen Sie in Ihrer Zeitung?
   Bsp.: Orientierungsfunktion, Informationsfunktion, Kulturfunktion, Instrumentelle Funktion
2. Für was steht Ihre Zeitung? Nennen Sie uns 2 Schlagworte.
3. Wie würden Sie die Zeitung anhand ihrer Eigenschaften beurteilen?

4. Gibt es noch Punkte, Themen, die Sie zu dieser Rubrik hinzufügen möchten?

6. Rubrik: Kundenzufriedenheit

Die letzte und wichtigste Rubrik „Kundenzufriedenheit" soll Ihre allgemeine Zufriedenheit mit der Tageszeitung erfassen.

Stichwort: Globale/partielle Zufriedenheit

1. Auf einer Skala von 1-6 nach dem Schulnotensystem: Wie zufrieden sind Sie mit Ihrer Zeitung?

2. Gibt es noch Punkte, Themen, die Sie zu dieser Rubrik hinzufügen möchten?

Danksagung & Schluss

Nun sind wir zum Ende unseres Interviews angelangt. Gibt es von Ihrer Seite noch offene Fragen oder Punkte, die unbedingt noch hinzugefügt werden müssen?

Ich möchte mich im Namen der gesamten Redaktion für Ihre Teilnahme am Interview zur „Kundenbindung von Abonnementen bei einer Tageszeitung" bedanken. Vielen Dank, dass Sie sich hierfür die Zeit genommen haben und offen und ehrlich mit uns gesprochen haben. Ihre Meinung und Kooperation spielt eine unglaublich wichtige Rolle im Verbesserungsprozess. Schließlich möchten wir, dass Sie als Kunde zufrieden sind und weiterhin zu unserer Leserschaft gehören!

Vielen Dank für das Interview!

Magdalena Helm

Literatur- und Quellenverzeichnis

Buch (Monographie)

Albers, Sönke; Klapper, Daniel; Konradt, Udo; Walter, Achim; Wolf, Joachim (2009): Methodik der empirischen Forschung. 3., überarbeitete und erweiterte Auflage. Wiesbaden, s.l.: Gabler Verlag.

Bortz, Jürgen; Döring, Nicola (2006): Forschungsmethoden und Evaluation. Für Human- und Sozialwissenschaftler ; mit 87 Tabellen. 4., überarb. Aufl., [Nachdr.]. Heidelberg: Springer-Medizin-Verl. (Springer-Lehrbuch Bachelor, Master).

Brüsemeister, Thomas (2008): Qualitative Forschung. Ein Überblick. 2., überarbeitete Auflage. Wiesbaden: VS Verlag für Sozialwissenschaften (Lehrbuch).

Flick, Uwe (2000): Qualitative Forschung. Theorie, Methoden, Anwendung in Psychologie und Sozialwissenschaften. Orig.-Ausg., 5. Aufl. Reinbek bei Hamburg: Rowohlt-Taschenbuch-Verl.

Gläser, Jochen; Laudel, Grit (2009): Experteninterviews und qualitative Inhaltsanalyse als Instrumente rekonstruierender Untersuchungen. 3., überarb. Aufl. Wiesbaden: VS Verlag für Sozialwissenschaften (Lehrbuch).

Häder, Michael (2010): Empirische Sozialforschung. 2., überarbeitete Auflage. Wiesbaden: VS Verl. für Sozialwiss.

Helfferich, Cornelia (2009): Die Qualität qualitativer Daten. Manual für die Durchführung qualitativer Interviews. 3., überarbeitete Auflage. Wiesbaden: VS Verlag für Sozialwissenschaften / GWV Fachverlage GmbH Wiesbaden.

Hölzle, Philipp (2007): Projekt-Management. Kompetent führen, Erfolge präsentieren. 2. Auflage. München: Rudolf Haufe Verlag GmbH & Co. KG (Kienbaum).

Hussy, Walter; Schreier, Margrit; Echterhoff, Gerald (2010): Forschungsmethoden in Psychologie und Sozialwissenschaften für Bachelor. Berlin: Springer.

Kromrey, Helmut; Roose, Jochen; Strübing, Jörg (2016): Empirische Sozialforschung. Modelle und Methoden der standardisierten Datenerhebung und Datenauswertung mit Annotationen aus qualitativ-interpretativer Perspektive. 13., völlig überarbeitete Auflage. Konstanz, München: UVK;

Lincoln, Yvonna S.; Guba, Egon G. (20]07): Naturalistic inquiry. [Nachdr.]. Newbury Park, Calif.: Sage.

Mayring, Philipp (2010): Qualitative Inhaltsanalyse. Grundlagen und Techniken. Neuausgabe. s.l.: Beltz Verlagsgruppe.

Misoch, Sabina (2015): Qualitative Interviews. Berlin: De Gruyter Oldenbourg.

Naderer, Gabriele; Balzer, Eva (2011): Qualitative Marktforschung in Theorie und Praxis. Grundlagen - Methoden - Anwendungen. 2., überarbeitete Auflage. Wiesbaden: Gabler Verlag / Springer Fachmedien Wiesbaden GmbH Wiesbaden.

Buch (Sammelwerk)

Baur, Nina; Blasius, Jörg (Hg.) (2014): Handbuch Methoden der empirischen Sozialforschung. Wiesbaden: Springer VS.

Kuckartz, Udo; Grunenberg, Heiko; Dresing, Thorsten (Hg.) (2007): Qualitative Datenanalyse: computergestützt. Methodische Hintergründe und Beispiele aus der Forschungspraxis. 2., überarbeitete und erweiterte Auflage. Wiesbaden: VS Verlag für Sozialwissenschaften / GWV Fachverlage GmbH Wiesbaden.

Internetdokument
Dudenredaktion (o. J.): "Sample" auf Duden online. Online verfügbar unter
https://www.duden.de/rechtschreibung/Sample, zuletzt geprüft am 29.11.2017.

Studienbriefe
Ornau, F. (2015): Inhaltsanalyse. Studienbrief. 1. Aufl. Riedlingen.
Reinhardt, R.; Ornau, F. (2015): Interviewtechnik. Studienbrief. 2. Aufl. Riedlingen.

Zeitschriftenaufsatz
„Kunden zuhören und von ihnen lernen, um Wachstum zu generieren." (2013). In: *Mark Rev St. Gallen* 30 (5), S. 6–9.

BEI GRIN MACHT SICH IHR
WISSEN BEZAHLT

- Wir veröffentlichen Ihre Hausarbeit,
  Bachelor- und Masterarbeit

- Ihr eigenes eBook und Buch -
  weltweit in allen wichtigen Shops

- Verdienen Sie an jedem Verkauf

Jetzt bei www.GRIN.com hochladen
und kostenlos publizieren